이 소중한 책을

특별히 _____님께

드립니다.

"주 예수를 믿으라!

그리하면

너와 네 집이 구원을 얻으리라"

– 사도행전 16장 31절 –

성경적인 복음

김두화 목사의 생활 복음 설교

"내가 어찌하여야 구원을 얻으리이까?"

— 사도행전 16:30 —

나침반

차례

복음이란 무엇인가?

사실 성경 내용 전체가 복음입니다.

복음은 영어로 '가스펠'(gospel)인데 이 말은 두 단어가 합쳐진 것이라고 할 수 있습니다. 'gospel'에서 'go-'는 'good'이라는 의미를, '-spel'은 'story'라는 의미를 가지고 있습니다. 그래서 복음을 '좋은 이야기', '좋은 소식'이라고도 합니다.

창세기부터 요한계시록까지 성경 내용 전체가 모두 기쁨의 소식입니다.

성경을 통해 하나님은 우리에게 처음부터 끝까지 아름답고 기쁜 소식을 전해 주셨습니다. 그래서 복음에 생애 전체를 던졌던 바울은 로마서 1장 16절에서 복음에 대한 그의 자세를 이렇게 표현하고 있습니다.

"내가 복음을 부끄러워하지 아니하노니

이 복음은 모든 믿는 자에게 구원을 주시는

하나님의 능력이 됨이라

첫째는 유대인에게요 또한 헬라인에게로다"

그러나 저는 오랫동안 교회 생활을 하면서 성경을 읽었어도 복음의 의미를 이해하지 못했습니다.

성경을 볼 때 "하나님께서 나를 질책하실 것이다. 심판하실 것이다. 벌하실 것이다"라는 두려움이 먼저 찾아왔지 성경 내용 자체가 제게 '기쁨의 소식'이라는 확신은 없었습니다.

복음에 대한 확신

복음을 가장 짧게 정의(定義) 한다면, 예수 그리스도가 바로 복음입니다.

이보다 더 짧은 정의는 없다고 생각합니다.

예수 그리스도 자체가 복음이라고 할 때 "그분은 과연 누구시며 무슨 일을 하셨는가?"라는 질문을 던지게 됩니다. 이에 대한 답이 되는 구절이 고린도전서 15장 3-8절 내용입니다. 이 구절을 가리켜 '복음의 정의(定義)'라고도 합니다. 신학교에서는 복음을 정의하는 대표적인 구절로 이 구절을 듭니다.

> "내가 받은 것을 먼저 너희에게 전하였노니
>
> 이는 「성경대로」 그리스도께서 우리 죄를 위하여 죽으시고
>
> 장사지낸 바 되었다가 「성경대로」 사흘만에 다시 살아나사
>
> 게바에게 보이시고 후에 열두 제자에게와
>
> 그 후에 오백여 형제에게 일시에 보이셨나니 그 중에 지금까지
>
> 태반이나 살아 있고 어떤 이는 잠들었으며 그 후에
>
> 야고보에게 보이셨으며 그 후에 모든 사도에게와
>
> 맨 나중에 만삭되지 못하여 난 자 같은 내게도 보이셨느니라"

여기에서 '성경대로'(3절)라는 말이 중요합니다.

사도 바울이 복음을 전하고 있던 때는 아직 신약성경이 쓰여지기 전입니다. 그렇기 때문에 여기에서의 성경이란 구약성경을 말합니다. 그러면 구약성경에 무슨 말씀이 나와 있다는 것입니까?

> "성경대로 그리스도께서 우리 죄를 위하여 죽으시고
>
> 장사지낸 바 되었다가 성경대로 사흘만에 다시 살아나사" – 3–4절

구약성경 전체 내용이 바로 이것이라는 말입니다.

주님이 오셨고 죽으셨고 장사 지낸 바 되었다가 살아나심으로써 성경 말씀이 성취되었습니다.

누가복음 24장 44-48절에도 이와 같은 내용이 나와 있습니다.

> "또 이르시되 내가 너희와 함께 있을 때에 너희에게 말한 바
>
> 곧 모세의 율법과 선지자의 글과 시편에 나를 가리켜 기록된
>
> 모든 것이 이루어져야 하리라 한 말이 이것이라 하시고
>
> 이에 저희 마음을 열어 성경을 깨닫게 하시고 또 이르시되
>
> 이같이 그리스도가 고난을 받고
>
> 제 삼 일에 죽은 자 가운데서 살아날 것과
>
> 또 그의 이름으로 죄 사함을 얻게 하는 회개가
>
> 예루살렘으로부터 시작하여 모든 족속에게 전파될 것이 기록되었으니
>
> 너희는 이 모든 일의 증인이라"

'모세의 율법', 곧 모세오경과 '선지자의 글과 시편'은 구약성경 나머지 전체를 가리키는 말입니다. 구약성경은 예수 그리스도와 상관없는 책이 아닙니다.

구약성경에 예언된 대로 주님은 오셔서 죽으시고 부활하셨는데 많은 사람에게 부활하신 모습으로 나타나셨습니다. 오백여 명이나 되는 사람들이 한자리에서 보기도 했습니다. 그러나 그랬을지라도 바울에게는 아직 상관이 없는 사건이었습니다. 그런데 마침내 바울도 부활하신 주님을 '개인적으로' 만나게 되었습니다.

"맨 나중에 만삭되지 못하여 난 자 같은 내게도 보이셨느니라" – 고린도전서 15장 8절

또 사도 바울은 15장 3절 서두 부분에서 이렇게 말하고 있습니다.

"내가 받은 것을"

그는 '내가 만난 주님'에 대해 이야기했습니다.

다른 사람들이 어떻게 구원받았는지, 어떻게 신앙의 확신을 가지게 되었는지 간증하는 것을 많이 듣게 됩니다. 들을 때 내게 그런 확신이 없으면 간증의 내용은 아직까지 남의 이야기입니다. 그러나 어느 날 개인적으로 주님을 만났을 때, 주님이 하신 일은 내게 복음이 됩니다. 그래서 어떤 사람은 이렇게 말했습니다.

"「그리스도가 십자가 위에서 죽었다」는 것은 역사적 사실이고 「그리스도가 십자가 위에서 인류를 위해 죽었다」는 것은 신학이지만 「그리스도가 십자가 위에서 내 죄를 위해 죽었다」는 것은 복음이다."

주님을 개인적으로 만날 때 십자가 사건과 부활 사건은 비로소 내게 복음이 됩니다.

"내 죄를 용서함 받았습니다", "내가 오늘 죽어도 천국 가는 것을 확신합니다"라고 고백할 수 없다면 아직까지 주님

11

을 개인적으로 만난 적이 없는 것입니다.

요한복음 3장 16절에는 복음의 핵심이 압축되어 있습니다. 이 한 구절만 가지고도 복음 제시가 충분합니다.
"하나님이 세상을 이처럼 사랑하사 독생자를 주셨으니
이는 저를 믿는 자마다 멸망치 않고
영생을 얻게 하려 하심이니라"

이 말씀에는 **다섯 가지 중요한 단어**가 나옵니다.
첫째는 '하나님'입니다.
둘째는 '세상'입니다.
성경에는 '세상'이라는 단어가 '인간', '지구덩이', '세계'(이 세상의 권세와 조직) 등 세 가지 의미로 쓰이고 있습니다. 여기에서는 인간을 이야기하는 것입니다.
셋째는 '독생자'입니다.
넷째는 '믿는다'입니다.
다섯째는 '영생'입니다.

'하나님', '인간', '그리스도', '믿음', '영생'!
이것이 복음의 핵심입니다.
다른 사람에게 복음을 전할 때는 이 뼈대에 설명을 덧붙여 나가면 됩니다.
여기에서 중요한 메시지는 "하나님이 나를 사랑하신다"라는 것입니다.

그것이 복음입니다.

예수 안 믿는 사람들을 마치 저주받은 사람처럼 대하고 심판받아야 하는 대상으로만 여기면서 그들에게 접근하는 것은 성경적인 방법이 아닙니다.

하나님께서는 사랑의 방법으로 우리에게 접근하셨습니다. 하나님의 사랑은 이미 구약성경에서 언급되었고, 예수 그리스도께서 오셔서 나의 죄를 위하여 죽으시고 다시 살아나셔서 나를 개인적으로 만나 주신 것이 바로 그 사랑의 표현입니다.

저는 한국교계에서 가장 정통 보수라는 긍지를 가진 교회에서 교회 생활을 했기 때문에 굉장히 엄격했습니다.

주일날 공부하는 것은 죄라고 해서 주일날 공부도 안 했습니다. 신문 보는 것도 죄고 나를 위해서 무엇을 하는 것도 다 죄라고 했기 때문에 주일을 거룩한 날로 엄격하고 철저하게 지켰습니다. 거의 10년 동안 그렇게 교회 생활을 했고 열네 살 때 주일학교 반사를 하면서 그때부터 교회 일이라면 빠지지 않고 다 했습니다.

그랬지만 제 마음 속에는 확신이 없었습니다.

성경 지식은 많았지만 "내가 만약 오늘 밤 죽는다면 내일 아침 천국에서 깰 수 있을까?"라는 질문에는 확신이 없었습니다. 그래서 저는 저의 상태를 직시하고 구원의 확신을 갖는 문제에 도전했고, 하나님께서 긍휼을 베푸셔서 10년 후에 마침내 예수님을 개인적으로 만나는 경험을 했습니다.

그래서 저는 이 책에서 성경의 가르침 안에서 제 경험을 가지고 복음을 나누고자 합니다.

로마서 1장 1절에는 복음의 근원에 대해 언급되어 있습니다.

"예수 그리스도의 종 바울은 사도로 부르심을 받아
하나님의 복음을 위하여 택정함을 입었으니"

바울이 사도로 부르심을 받은 것은 '하나님의 복음' 때문이었습니다.

'하나님의 복음'이라는 말에서 '하나님께서 복음을 주셨다'는 사실을 알 수 있습니다.

로마서 1장 2절에는 복음의 주제가 나옵니다.

"이 복음은 하나님이 선지자들로 말미암아 그의 아들에 관하여
성경에 미리 약속하신 것이라"

복음의 주제는 예수 그리스도입니다.

구약성경과 신약성경 전체를 통틀어서 그리스도를 빼면 남는 것이 아무 것도 없습니다.

그런데 일부 신학자들은 첫장부터 그리스도를 비판합니다.

"여기도 없어, 저기도 없어."

"여기는 말도 안 돼."

그렇게 여기저기 잘라내고 나면 나중에 무엇이 남겠습니까?

성경은 창세기부터 요한계시록까지 예수 그리스도에 대해 이야기하고 있습니다. 그리스도를 빼면 모든 핵심을 다 놓쳐 버리는 것입니다.

로마서 1장 1절에는 '하나님의 복음'이라는 말이, 1장 9절에는 '그의 아들의 복음', 즉 예수 그리스도의 복음이라는 말이, 그리고 16장 25절에서는 '나의 복음'이라는 말이 나옵니다.

하나님께서 예수 그리스도에게 자신의 복음을 주셨습니다. 이 복음은 내가 그리스도를 만난 후 나의 복음이 되었습니다. 그리스도인은 복음을 소유하여 또다른 사람들에게 복음을 전달하는 자들입니다. 그래서 사도 바울은 고린도전서 15장 3절에서 이렇게 말했습니다.

"내가 받은 것"

복음을 받을 수 있는 대상은 모든 사람입니다.

누구든지 믿는 자에게는 복음이 자기 것이 될 수 있고 **누구든지** 예수를 믿기만 하면 구원을 얻을 수 있습니다.

복음의 능력에 대해서는 로마서 1장 16절에서 "구원을 주시는 하나님의 능력"이라고 했습니다.

복음을 소유할 때 구원을 받으며 인생의 가장 근원적인 문제가 해결되는 것을 경험합니다.

예수를 만나지 않았다면 저는 정신병자가 됐든지 아니면 지금쯤 자살을 했을 것입니다.

저는 기질적으로 문학을 좋아하고 굉장히 깊이 생각하는 타입이었습니다. 어릴 때부터 책을 많이 읽어 같은 또래와는 말이 안 통해 놀 수가 없었습니다. 그래서 항상 저보다 나이 많은 사람들과 어울렸습니다. 장가도 저보다 나이 많은 사람에게 갔습니다.

또 친구들이 저더러 "야, 너는 옷을 털어도 먼지가 안 나겠다"라고 할 만큼 남에게 빈틈을 안 보였습니다. 도덕적으로, 윤리적으로 완벽하고자 최선을 다했습니다. 장로님들은 자기 자녀를 나무랄 때 "두화 좀 본받아라"라는 식으로 말씀하셔서 또래 아이들에게 저는 항상 미움의 대상이었습니다.

그러나 남이 나를 어떻게 보든지 저는 저의 불확실한 신앙 때문에 갈등하고 있었습니다. 그랬기 때문에 만약 복음을 '내 것'으로 확신할 수 없었다면 저는 인생의 답을 얻지 못하고 방황하다가 자살했든지 아니면 생각의 갈래 속에서 헤어나지 못하고 정신병자가 되었을 것입니다. 그러나 하나님의 은혜로 저는 구원을 주시는 하나님의 능력의 복음을 받아들이고 변화되었습니다.

여기에서 말하는 '능력'이라는 단어에는 『다이나모』라는 의미가 있습니다.

『다이나모』란 새로운 것을 창조하는 것을 말합니다.

그런데 기독교는 착한 사람을 만드는 종교가 아니라 죽은 자를 살리는 종교입니다. 사망에서 생명으로 옮기는 능력입니다.

『다이나모』는 엄청난 것입니다.

내 죄를 파괴하고 참으로 새로운 것을 창출하는 능력이 복음 안에 있습니다.

당신은 복음의 전체 내용을 간단하지만 정확하게 전할 수 있습니까?

구세군을 창설한 윌리엄 부스가 시카고 무디 신학교에서 공부하고 있었을 때의 일입니다. 주말이면 전도를 나가는데 자기도 전도팀에 참여하고 싶어서 어디에 들까 고민하다가 노방 전도팀에 들었습니다. 군중 속에 자기를 숨길 수 있으리라는 생각에서였습니다.

시카고 거리에 나가서 한 형제가 복음을 전하고 나서 사람들에게 "질문이 있으면 주위에 있는 이 형제들에게 하시기 바랍니다. 그러면 개인적으로 도와드릴 것입니다"라고 말했습니다.

노방 전도팀 사람들은 모두 개인적인 상담에 들어갔습니다.

윌리엄 부스는 조금 만만해 보이는 사람을 찾아갔습니다. 한쪽 구석에서 안 듣는 척하고 앉아 있는 사람이었습니다.

"오늘 앞에서 전해 주는 말씀을 들으셨습니까?"

『예, 들었습니다.』

"어떻게 생각하십니까?"

그러자 이 사람이 아주 정색을 하면서 『아주 잘 들었습니다. 어떻게 하면 영생을 얻을 수 있는지 얘기해 주시겠습니까?』하고 진지하게 질문을 던졌습니다.

그러자 윌리엄 부스는 진땀이 나기 시작했습니다.

만약 이 사람이 "하나님이 선악과를 왜 만들어 놓았습니까? 먹을 것을 알면서…"라든가 "인간을 만들어 놓고 후회하는 하나님이 전지전능하신 하나님이십니까?"라는 질문을 한다면 논쟁을 해 볼 자신이 있었습니다.

그런데 "내가 어떻게 해야 영생을 얻습니까? 복음을 내게 말씀해 주십시오"라는 아주 핵심적인 질문을 받자 그 순간 아무 것도 생각이 나지 않고 무엇부터 이야기해야 할지 막

막하기만 했습니다.

얼굴만 빨개진 채 그날 그 사람을 돕지 못한 부스는 학교 기숙사로 돌아가서 무릎을 꿇고 하나님 앞에 엎드렸습니다.
"하나님, 예수를 믿는다고 하면서 신학을 공부하러 여기에 와 있는 사람이 복음이 필요한 사람에게 답을 말해 주지 못했습니다. **성경을 손에 들고 있으면서도 말입니다.**"

정말 이 복음은 너무도 단순하고 쉬운데, 어린아이에서부터 노인까지 누구든지 듣고 이해할 수 있는 것인데, 사람들이 어렵게 만들어 버렸습니다.
대부분 우리는 복음을 안다고 생각하고 있습니다. 그러나 이 복음을 짧은 시간에 설명해 주는 것은 다들 어려워합니다.
복음을 간명하게 전하기 위해서는 먼저 내 마음 속에 그 내용이 정리되어 있어야 하며 복음이 나의 복음이라는 확신이 있어야 합니다.
복음이란 무엇인지 이제 본론적인 이야기로 들어가도록 하겠습니다.

나는 어디에서 왔는가?

이 질문은 인간에게 가장 근본적인 질문입니다.

누구든지 한 번은 이 질문과 맞부딪쳐 답을 내려야 합니다.

성경은 "하나님이 인간을 창조하셨다"라고 분명히 밝히고 있습니다.

"태초에 하나님이 천지를 창조하시니라" – 창세기 1장 1절

태초에 아무 것도 없는 상태에서 이 천지를 창조하셨다는 사실을 믿는다면, 성경에 못 믿을 것이 하나도 없습니다.

그러나 첫 구절부터 못 믿는다면 무슨 이야기를 들어도 안 믿어지는 것은 당연합니다.

창세기 1장에서 하나님은 엘로힘 하나님, 곧 전능하신 하나님으로 나타납니다. 아무 것도 없는 공허한 상태에서 말씀으로 천지를 질서 있게 창조하시는 하나님의 모습을 성경에서는 『바라』라는 단어로 표현했는데 이 말은 'create'(창조하다) 라는 뜻의 말입니다.

그런데 2장은 인간 창조에 초점을 맞추고 있습니다.

어떤 사람들은 이러한 사실을 들어, 하나님께서 사람을 창조하셨는데(1장), 그 중에 한 사람인 아담만이 하나님의 영(靈)을 받았다(2장)라는 이상한 교리를 내놓기도 했습니다. 그러나 1장과 2장은 구별된 장이 아닙니다.

1장에서는 '엘로힘 하나님'의 모습이, 2장에서는 '여호와 하나님'의 모습이 나옵니다. '여호와 하나님'이란 '언약의 하나님'이라는 뜻입니다. 이 말에는 인간과 언약을 맺으신 인격적인 하나님이라는 의미가 담겨 있습니다.

1장에서는 '인간을 지으셨다'는 단어를 『바라』로 썼는데 2장에서는 『야살』이라는 단어로 썼습니다. 『야살』이란 'form'(모양을 만들다)의 의미를 갖는 말입니다.

2장 7절은 하나님께서 어떻게 인간을 지으셨는지에 대해 말하고 있습니다.

"여호와 하나님이 흙으로 사람을 지으시고

생기를 그 코에 불어넣으시니 사람이 생령이 된지라"

하나님은 인간을 육체적인 존재로 지으셨습니다.

"하나님이 자기 형상 곧 하나님의 형상대로 사람을 창조하시되

남자와 여자를 창조하시고" – 창세기 1장 27절

하나님께서는 자신의 형상대로 인간을 창조할 때 한 남자와 한 여자를 창조하셨습니다. 즉, 육체적으로 다른 면을 가진 두 존재를 지으신 것입니다.

인간이 육체적인 존재라고 할 때 우리는 흙을 생각합니다.

"…흙으로 사람을 지으시고…" – 창세기 2장 7절

흙으로 빚어졌기에 우리는 죽어서 다시 흙으로 돌아갑니다. 그래서 하나님께서는 남자 이름을 '아담', 곧 '흙에서 태어난 자'라고 하셨습니다.

욥도 다음과 같이 말했습니다.

"나와 네가 하나님 앞에서 일반이니 나도 흙으로 지으심을 입었은즉"

– 욥기 33장 6절

"모든 혈기 있는 자가 일체로 망하고 사람도 진토로 돌아가리라"

육체적 존재인 인간은 시한적(時限的) 존재이며 결국 흙으로 돌아간다는 사실이 창세기에서부터 분명히 언급되어 있습니다. 호흡이 멈추는 순간 이 육체는 흙으로 돌아갈 수밖에 없습니다. 사람이 죽고 나면 이 육체덩이의 값은 6,000원 정도밖에 안 된다고 합니다.

또한 인간은 육체적인 존재이기에 채워 줘야 할 욕구들을 가지고 있습니다.

하나님께서는 인간을 지을 때 육체적인 존재로만 지은 것이 아니라 영적인 존재로도 지으셨습니다. 이 사실이 중요합니다.

"…흙으로 사람을 지으시고 생기를 그 코에 불어넣으시니

사람이 생령이 된지라" – 창세기 2장 7절

하나님께서 자신의 영(靈)을 인간 속에 불어넣으셔서 인간은 육체적인 존재뿐만 아니라 영적인 존재가 되었습니다.

"흙은 여전히 땅으로 돌아가고

신은 그 주신 하나님께로 돌아가기 전에 기억하라" – 전도서 12장 7절

"…이는 만민에게 생명과 호흡과 만물을 친히 주시는 자이심이라"

"하나님의 신이 나를 지으셨고 전능자의 기운이 나를 살리시느니라" – 욥기 33장 4절

하나님의 신(神)은 하나님의 영을 말합니다. 욥은 하나님의 영이 내게 생명을 주었다고 고백하고 있습니다.

동물에게는 영적인 부분이 없습니다. 인간만이 육적인 부분과 영적인 부분을 함께 가지고 있는 특별한 존재입니다.

편의상 삼분법(三分法)으로 인간을 살펴보겠습니다.

인간의 육(肉)에는 다섯 가지 감각 기관이 있습니다. 그리고 혼(魂)은 지(知), 정(情), 의(意), 세 부분으로 되어 있습니다. 이러한 인간은 하나님이 자신의 영(靈)을 불어넣어 주셨을 때 비로소 '살아 있는 존재'가 되었습니다. 그래서 사도행전 17장 28절에서 사도 바울은 이런 고백을 하고 있습니다.

"우리가 그(하나님)를 힘입어 살며 기동하며 있느니라…"

우리는 하나님께서 생명을 주셨기 때문에 이렇게 살아 있는 것입니다. 그렇다면 우리는 숨쉬는 순간마다 창조주를 기억하고 살아야 하는 존재입니다. 또 마땅히 하나님과 교통하며 살아가야 하는 존재입니다.

하나님께서 우리를 육적인 존재로 그리고 영적인 존재로 지으셨다는 사실 이외에, 하나님께서 우리를 막연하게 지으

신 것이 아니라 자신의 형상대로 지으셨다는 사실도 중요합니다. 우리가 하나님의 형상대로 지어졌다는 것은 곧 인격적인 존재로 지어졌다는 것을 말합니다. 그래서 우리에게는 생각하고 판단하고 선택할 수 있는 능력이 있습니다. 즉, 지, 정, 의의 부분이 있습니다.

하나님께서 아담에게 동물들의 이름을 지으라고 하신 것은 인간이 지성을 가지고 있기 때문이었습니다. 동물학 공부를 한 번도 안 했지만 아담은 최초의 동물학 박사로서 이름들을 척척 지었습니다.

아담은 아름다운 자신의 배필을 보았을 때 "이는 내 뼈 중의 뼈요 살 중의 살이라"(창세기 2장 23절)라고 감탄했습니다.

아름다움을 보는 눈이 있을 뿐만 아니라 아담은 하나님 앞에서 무엇을 순종하고 무엇을 하지 말아야 하는 지도 분별할 줄 알았습니다. 이런 데에서 인간이 지, 정, 의를 가진 존재로 지어졌음을 알 수 있습니다.

또한 하나님, 그리고 인간 서로 간에 인격적인 관계를 맺도록 지어졌습니다.

하나님의 형상대로 지어진 인간은 영원을 사모하는 마음도 가지고 있습니다.

그래서 어느 인간에게나 종교성이 있습니다. 지구촌 어디에 가든지 별별 신(神)들이 다 있습니다. 오늘날 현대 문명 속에서도 여전히 그런 모습을 볼 수 있습니다.

하나님의 형상을 닮은 우리는 시편 139편 14절 말씀대로 참으로 '신묘막측'(神妙莫測) 하게 지어진 존재입니다. 하나님께서 인간 속에 자신의 영을 불어넣으셨기 때문에 그분이 무슨 말씀을 하시든 다 알아듣고, 예정, 추측, 판단을 하여 몸에 명령을 내리면 몸이 그대로 순종하는 것이 원래의 질서입니다. 처음에 아담과 하와는 하나님이 무슨 말씀을 하시든 다 알아듣고 그 질서에 따라서 순종했습니다.

그런데 하나님께서는 인간을 로봇으로 만들지 않으셨습니다. 자유 의지로 선택하여 인격적으로 반응할 수 있게 만드셨습니다. 즉, 인간에게는 자율성이 있습니다.

하나님께서는 "생육하고 번성하여 땅에 충만하라"(창세기 1장 28절)라고 하시면서 인간을 만물의 영장(靈長)으로 삼으셨습니다. 그 전에 하나님께서는 인간이 이 땅에서 마음껏 삶을 누릴 수 있도록 모든 조건을 다 갖춰 놓으셨습니다. 마치 어머니가 출산 전에 아이에게 필요한 것을 다 준비해 놓는 것처럼 말입니다. 인간에게는 삶을 누릴 특권이 주어져 있습니다. 하나님께서 그것을 원하십니다. 기독교는 금욕주의가 아닙니다.

그런데 인간에게는 특권과 함께 금지 사항과 책임도 주어졌습니다.

하나님께서는 아담에게 에덴 동산을 다스리고 지키게 하시면서(창세기 2장 15절) "동산 각종 나무의 실과는 네가 임의로 먹되 선악을 알게 하는 나무의 실과는 먹지 말라"(창세기 2장 16-17절)라고 하셨습니다. 선악과는 사랑의 잣대라고도 할 수 있습니다. 하나님께서 먹지 말라 하신 그것만 따먹지 않는 한, 내가 인격적으로 하나님을 선택하고 있다는 것을 나도 알고 하나님도 아시는 것입니다. 내가 그것을 먹었는가 안 먹었는가를 통해 하나님에 대한 사랑이 증명됩니다.

하나님은 인간에게 땅에 충만하고 생육하고 번성할 자유를 주셨을 뿐만 아니라 동시에 그 특권을 가진 인간에게 이기적인 욕심으로 살지 말고 청지기처럼 살라는 책임도 주셨습니다.

그런데 오늘날 책임은 제쳐 두고 자유만을 주장하는 사람들이 많습니다. 남에게 폐를 끼치는 것은 자유가 아니라 죄입니다. 남에게 해를 끼치지 않고 덕을 끼치는 권리를 행사하는 것은 진정한 자유입니다. 할 수 있는 것을 하지 않을 수 있는 배짱, 그것은 엄청난 자유입니다.

로봇처럼 만들어져 조종만 당한다면 인간에게는 인격적인 면, 자율적인 면, 그리고 도덕적인 책임감 같은 것이 없을 것입니다.

사랑과 공의의 하나님의 형상대로 지음 받았기 때문에 우리에게는 인격성, 자율성, 도덕성이 있습니다. 바로 여기에 첫 번째 질문에 대한 답이 있습니다. 우리는 하나님께로부터 지음 받았습니다. 특별히 그분의 형상대로 말입니다. 그렇다면 우리는 너무도 귀한 존재입니다. 아무렇게나 지어진 존재가 아닙니다.

하나님의 형상을 닮은 인격체로 창조되었다는 것이 감격스럽지 않습니까?

나는 누구인가?

인간은 하나님의 사랑을 경험하고 하나님의 말씀을 알아 듣고 자율성과 도덕성과 인격성을 가지고 인생을 누리도록 지어졌습니다. 그런데 왜 우리는 기쁘고 행복한 삶을 살고 있지 못합니까?

하나님이 내게 자신의 영(靈)을 주셨다는데 왜 성경 말씀 을 이해하지 못 할 때가 많으며 그분의 사랑이 막연하게만 느껴집니까?

이 문제는 바로 죄와 관련됩니다.

동양적인 개념의 죄는 인간의 제한성과 관계됩니다.

즉, 자연의 질서를 역행하고 그 범주를 벗어나는 것, 그리고 초자연적인 영역을 침범하는 것을 죄로 여깁니다. 그래서 '터부'(taboo)라는 것들이 있습니다. 또 일정한 문화 기준과 불문율 같은 것에서 벗어나는 것도 죄라고 합니다. 결국 동양에서는 '도덕적인 관념으로써 죄를 정의(定義)한다'고 할 수 있습니다.

그런데 인간이 모든 것을 변화시킬 수 있다고 하는 인본주의 사상이 대단히 강한 서양에서는 욕심, 교만, 자기 중심적인 것이 바로 죄입니다. 이처럼 서양에서는 인본주의적인 차원에서 죄를 논하지만 동양에서는 자연 질서적인 차원에서 죄를 생각하기 때문에 우리나라 사람들을 비롯한 동양 사람들에게 성경에서 이야기하는 죄의 개념을 심기란 참 어렵습니다.

그렇다면 성경에서 말하는 죄란 어떤 것일까요?
요한복음 16장 8, 9절을 보십시오.
"그가 와서 죄에 대하여, 의(義)에 대하여, 심판에 대하여
세상을 책망하시리라 죄에 대하여라 함은
저희가 나를 믿지 아니함이요"

에덴동산에서 아담과 하와는 다른 사람이 없었기 때문에 인간관계 속에서 도덕적으로나 윤리적으로나 죄를 범할 기회가 없었습니다.

그들의 환경은 완전했습니다.

그렇지만 그들은 죄를 범했습니다.

그 죄는 윤리적, 도덕적 죄가 아니라 하나님의 말씀을 거스른 죄였습니다. 그들은 "선악을 알게 하는 나무의 실과는 먹지 말라 네가 먹는 날에는 정녕 죽으리라"(창세기 2장 17절)라는 하나님의 절대 명령을 불신했습니다. "너희가 결코 죽지 아니하니라"(창세기 3장 4절) 라는 사단의 말을 더 믿었습니다. 그들은 하나님의 말씀을 믿지 않았기 때문에 선악과를 먹었습니다.

그리스도를 믿지 않는 것, 그것이 성경에서 말하는 죄며 지옥에 가게 되는 죄목입니다. 그런데 우리는 죄라고 하면 항상 도덕이나 윤리와 관련지어 생각합니다. 물론 그것도 죄 속에 포함됩니다.

그러나 살인했기 때문에, 간음했기 때문에 지옥 가는 것이 아닙니다.

그런 죄는 세상에서 벌받으면 됩니다. 그러나 하나님 앞에서는 피조물인 내가 창조주 하나님을 믿지 않고 내가 내 인생의 주인으로 살아가고 있다면 그 자체가 죄입니다.

이것을 좀 더 구체적으로 설명해 보겠습니다.

『에덴』은 원래 'delight'(기쁨)라는 뜻입니다. 그 완벽한 환경 속에서 아담과 하와는 하나님께 죄를 지었습니다. 그리하여 하나님께서 "정녕 죽으리라"라고 하셨는데도 그들은 900

년 이상을 더 살았습니다. 그렇다면 죽는다는 의미는 무엇입니까? 하나님께서는 자신의 영을 인간에게 불어넣은 후에 비로소 "살았다"라는 단어를 사용하셨습니다.

그렇다면 죽었다는 것은 영이 죽은 상태를 말합니다. 선악과를 먹던 그날 아담과 하와는 육체적으로는 살았지만 하나님과의 관계가 단절되는 영적인 죽음을 맛보아야 했습니다.

죄라는 영어 단어 'sin'은 재미있는 단어입니다.

단어 중간에 'I'가 있습니다. 내가 원하는 대로, 내 중심적으로, 내 뜻대로 살고 하나님을 필요로 하지 않는다는 의미가 들어 있습니다.

"하나님보다 지혜로워질 수 있다", "하나님같이 될 수 있다"라는 교만한 생각 때문에 아담과 하와는 결국 하나님께 등을 돌렸습니다.

창세기 3장 8절에서 아담과 하와는 하나님의 낯을 피하기 시작합니다.

처음으로 하나님의 낯을 피하는 일이 일어납니다. 하나님께서는 "아담아, 네가 어디 있느냐"(창세기 3장 9절)라고 묻습니다. 이때부터 인간은 잃어버린 존재가 되었습니다. 인간은 결국 기쁨의 동산 에덴에서 쫓겨나게 됩니다.

"여호와의 손이 짧아 구원치 못하심도 아니요

귀가 둔하여 듣지 못하심도 아니라 오직 너희 죄악이

너희와 너희 하나님 사이를 내었고 너희 죄가 그 얼굴을 가리워서

너희를 듣지 않으시게 함이니" – 이사야 59장 1–2절

하나님을 믿지 않아 영적으로 죽은 상태가 되어 그분과 분리되었기 때문에 우리가 기도하고 소리쳐도 하나님은 듣지 못하십니다.

저는 구원받기 전에 산기도를 얼마나 다녔는지 모릅니다. 그런데 그렇게 소리를 지르고 기도를 했는데도 제 마음 속에는 "과연 들으셨을까?"라는 의문이 떠나지 않았습니다. 그러나 정말 주님을 만나고 난 이후에는 그런 의심이 사라져 버렸습니다.

아담 한 사람이 범죄함으로 말미암아 어떤 결과가 나타났습니까?

로마서 5장 12절을 보십시오.

"이러므로 한 사람으로 말미암아 죄가 세상에 들어오고

죄로 말미암아 사망이 왔나니 이와 같이 모든 사람이 죄를 지었으므로

사망이 모든 사람에게 이르렀느니라"

아담이 하나님을 불신했던 죄로 말미암아 영적인 죽음이 이 세상에 들어오게 된 이후 모든 인간은 날 때부터 죄인이 되었습니다.

태어나서 죄를 짓기 때문에 죄인이라는 딱지가 붙는 것이 아니라 죄인으로 태어나는 것입니다.

로마서 3장 23절도 보십시오.

"모든 사람이 죄를 범하였으매 하나님의 영광에 이르지 못하더니"

죄인 된 우리 인간은 하나님께서 원래 주시고자 했던 것을 누리지 못하게 되었습니다.

그렇다면 가만히 있을 수 있겠습니까?

하나님께 "나는 죄인입니다. 용서해 주시옵소서. 나를 구해 주시옵소서"라고 매달려야 마땅한데 인간은 여전히 "난 할 수 있어"라고 고자세로 나오고 있습니다.

지식으로 과학을 이루고 그 틀에서 하나님을 이해하려 듭니다. 인간의 이성과 지성으로 받아들여지면 수용하고 그렇지 않으면 안 받아들입니다. 내가 하는 모든 학문 속에서 하나님을 경험하고 그것으로써 하나님을 알 수 있다 생각하고 하나님께 도전합니다. 그러나 파헤치면 파헤칠수록 더 모르는 것이 많아지는 세계가 바로 학문의 세계입니다.

어떤 사람은 신학을 공부함으로써 하나님을 알 수 있다고 생각합니다.

그러나 신학만으로는 하나님을 알 수 없습니다.

물론 신학은 하나님을 연구하는 학문입니다. 하지만 인간이 어떻게 하나님을 연구할 수 있겠습니까? 우리는 하나님께서 계시해 주시는 만큼만 알 수 있을 뿐입니다. 하나님께서는 이렇게 말씀하셨습니다.

"하나님의 지혜에 있어서는 이 세상이 자기 지혜로

하나님을 알지 못하는고로 하나님께서 전도의 미련한 것으로

믿는 자들을 구원하시기를 기뻐하셨도다" – 고린도전서 1장 21절

이 세상의 지혜로는, 즉 이 세상 학문으로는 하나님을 알수 없습니다.

인간의 제한된 지식을 가지고 하나님을 판단하고 알려고하는 것은 무리입니다. 인간이 볼 때 가장 지혜로운 것도 하나님이 볼 때는 어리석을 수 있습니다.

학문을 통해 하나님을 만나고자 하는 사람들이 있는 반면 신비로운 체험을 추구하는 사람들도 있습니다.

이들은 환상도 보고 방언도 하고 뜨거운 체험을 해야 하나님을 경험했다고 생각합니다. 그런데 이것은 일시적인 흥분 상태로 이끌 뿐입니다. 기도원에서만 뜨겁고 나와서는도로 냉랭해지는 사람들을 많이 봅니다.

하나님은 우리를 인격체로 지으셨습니다. 우리를 인격적으로 만나 주시기 때문에 사람마다 하나님을 체험하는 방식은 각기 다릅니다.

어떤 사람들은 도덕과 선(善)을 행함으로써 하나님을 만날 수 있다고 주장합니다.

사실 도덕은 겉치레입니다.

하나님께서는 이렇게 말씀하십니다.

"…우리의 의(義)는 다 더러운 옷 같으며…" – 이사야 64장 6절

겉으로 보기에 아무리 아름답고 의로울지라도 하나님이 볼 때는 죽어 있는 것일 수도 있습니다.

우리 인간이 선행을 하는 이유는 무엇일까요?

어려운 처지에 있는 자를 동정해서일까요?

사실 엄밀하게 말하자면 선을 행하지 않았을 때 마음에 불편함이 있기 때문입니다. 어릴 때부터 배워 왔던 도덕관도 있고 할머니, 할아버지, 부모님, 주일학교 선생님이 가르쳐 주신 것도 있기 때문에 남을 돕는 것이고, 그래서 도와주고 나면 마음이 편합니다. 결국 선행 자체도 자기 자신의 안위를 위한 것이 됩니다. 그런데 우리는 스스로를 속이고 있습니다.

"내가 사랑이 많아서 그래."

어떤 사람은 예수를 안 믿을지라도 소록도에 가서 봉사해야 한다는 소명감을 느낍니다.

불쌍한 사람을 보면 발 벗고 나서서 돕습니다. 그런 사람들은 신앙이 있든 없든 간에 봉사하면서 살아야 마음 편하게 살 수 있습니다. 그렇다면 선행의 동기가 내 마음 속에서 일어나는 갈등들을 잠재우고 양심을 편하게 하기 위한 것에 불과한 것입니다. 아무리 '법 없이도 살 수 있는 사람' 같아 보여도 자기 혼자 있을 때에는 자기의 참 모습을 알 수 있습니다.

하나님께서는 인간의 한계를 아시고 이렇게 말씀하셨습니다.

"우리를 구원하시되 우리의 행한 바 의로운 행위로 말미암지 아니하고 오직 그의 긍휼하심을 좇아 중생(重生) 의 씻음과 성령의 새롭게 하심으로 하셨나니" – 디도서 3장 5절

인간은 선행으로 거듭나는 것이 아님이 이 말씀에 분명히 나타나 있습니다.

인간이 만든 최고의 걸작품은 아마도 종교일 것입니다.
죽음의 문제를 해결하기 위해서 만든 것이 종교 아닙니까?
그런데 사도 바울은 이렇게 말했습니다.

"그리스도께서 나를 보내심은 침례(세례) 를 주게 하려 하심이

아니요 오직 복음을 전케 하려 하심이니 말의 지혜로 하지 아니함은
그리스도의 십자가가 헛되지 않게 하려 함이라" – 고린도전서 1장 17절

즉, "내가 침례(세례)를 주러만 왔다면 나는 침례(세례)만 주었을 것이다. 그런 의식을 행함으로 그리스도인이 된다면 그렇게 했을 것이다. 그러나 나는 침례(세례)를 주러 온 것이 아니라 복음을 전하러 왔다"라고 말한 것입니다.

사도 바울은 성경의 많은 부분을 집필했지만 자신이 기독교라는 종교를 세우러 온 사람이 아니라는 것을 분명히 밝혔습니다. 그는 복음을 전하러 온 사람이었습니다.

인간의 종교는 해야 할 것과 하지 말아야 할 것에 대해 이야기합니다.

사람을 얽어매는 것이 종교입니다. 종교 자체가 무거운 짐입니다. 종교는 의식(儀式)으로 가득 차 있습니다. 그런 의식을 행해야 더욱 의로워지고 하나님께 더 가까워진다고 가르칩니다.

끊임없이 노력하게 만들고 끊임없는 죄의식 속에서 살아가게 만드는 것이 바로 종교입니다. 그러나 하나님께서는 그런 것을 요구하시지 않습니다.

"십일조 내고 성수주일하고 반사 생활하고 집사 생활하니까 하나님께서 나를 받아주시는 거겠지"라고 생각한다면 대단한 오산입니다.

성경 어디에 그런 말씀이 있습니까?

예수님 오른편 십자가에 달렸던 강도는 언제 교회에 갈 기회가 있었습니까?

그러나 그는 예수님과 함께 낙원으로 갔습니다. 인간은 자기 노력으로써 하나님께로 갈 수 있는 것이 아닙니다.

율법을 통해 구원을 얻고자 하는 사람들도 있습니다.

어떤 교회에 가 보면 '금년은 십계명을 지키는 해'라는 표어를 붙여 놓았습니다. 하나님께서 우리에게 율법을 주실 때 그것을 지키라고 주셨다고 생각합니까?

엄격하게 얘기하자면 지키라고 주신 것이 아닙니다.

예수께서는 "여자를 보고 음욕을 품는 자마다 마음에 이미 간음하였느니라"(마태복음 5장 28절)라고 말씀 하셨습니다.

요즘같이 개방적인 사회에서 우리는 얼마나 음란한 생각을 자주 하고 있습니까? 여자를 보고 음욕을 품는 순간 그 여자를 데려다가 간음한 것이나 다름없는 것입니다. 하나님의 기준이 그렇습니다. 세상의 법은 실제로 간음했을 때만 정죄를 하지만 하나님께서는 우리 마음을 보십니다.

또 예수께서는 사람을 보고 미워한 것이 곧 살인이라고 하셨습니다(마태복음 5장 22절 참조).

그런데 과연 아무도 미워하지 않으며 사는 사람이 있습니까?

교회에 가서도 "저 사람 좀 안 보았으면 좋겠다"라고 생각하는 사람이 허다합니다. 용서해야 한다는 것을 알면서도 용서하지 못하는 사람들이 있습니다. 남들을 대할 때 웃음을 짓고 있지만 마음속에 미움이 있다는 것을 본인은 압니다. 예수님의 기준에 따른다면 이 세상에 살인 안 한 사람이 어디 있습니까?

인간에게는 율법을 지킬 능력이 없습니다.
율법으로는 나를 의롭게 할 수 없습니다. 그렇다면 하나님께서는 왜 우리에게 율법을 주셨을까요? 하나님께서는 우리가 자신의 모습을 발견하고 죄를 깨닫게 하시려고 율법을 주신 것입니다.

"그러므로 율법의 행위로 그의 앞에 의롭다 하심을 얻을
육체가 없나니 율법으로는 죄를 깨달음이니라" – 로마서 3장 20절

율법의 행위로써는 죄 사함을 받을 자가, 하나님께 의롭다 함을 받을 자가, 하나님 앞에 갈 자가 아무도 없습니다.

하나님을 떠났을 때 어떤 결과나 나타났는지 로마서 1장 28절을 보십시오.

"또한 저희가 마음에 하나님 두기를 싫어하매 하나님께서 저희를
그 상실한 마음대로 내어 버려 두사 합당치 못한 일을 하게 하셨으니"

하나님을 필요로 하지 않고 스스로 인생의 주인이 된 인

간들은 29절 이후에 나오는 온갖 죄로 점철된 삶을 살게 되었습니다.

하나님께서는 자신이 누구인가를 제일 먼저 자연을 통해 알려주셨습니다.

"창세로부터 그의 보이지 아니하는 것들 곧 그의 영원하신 능력과
신성이 그가 만드신 만물에 분명히 보여 알려졌나니
그러므로 그들이 핑계하지 못할지니라" – 로마서 1장 20절

그런데 인간은 감사치도 않고 오히려 생각이 허망해지고 미련한 마음이 어두워져서 자연을 통해 물질문명을 이루고 물질을 숭배하게 되었습니다(21-23절). 하나님을 알고 경배하라고 주어진 자연을 가지고 도리어 하나님을 배척해 버린 것입니다. 그래서 인간의 육체적인 타락이 일어났습니다.

"그러므로 하나님께서 저희를 마음의 정욕대로 더러움에
내어 버려 두사…
이를 인하여 하나님께서 저희를 부끄러운 욕심에
내어 버려 두셨으니 곧 저희 여인들도 순리대로 쓸 것을 바꾸어
역리로 쓰며 이와 같이 남자들도 순리대로 여인 쓰기를 버리고
서로 향하여 음욕이 불 일 듯하매
남자가 남자로 더불어 부끄러운 일을 행하여…" – 24-27절

하나님께서는 자기를 알리시기 위해 인간 모두에게 양심을 주셨습니다. 그런데 인간은, 양심을 통해 선과 악을 구분하여 선하게 양심적으로 살지 못하는 사람들을 무시하고 깔보는 교만한 자리에 서 버렸습니다. 양심을 가지고 남을 판단하다가 결국 하나님을 판단하기도 합니다.

도덕이라는 것을 만들어 내가 조금 양심적으로 산다는 것을 자랑삼고 그렇지 않은 사람들을 마구 판단하고 정죄하고 살아가기 때문에, 결국 인간은 도덕을 내세우면서도 오늘날과 같이 도덕적인 타락을 겪게 되었습니다.

로마서 2장 1-16절까지의 내용이 그것을 이야기하고 있습니다.

하나님께서는 인간에게 자신을 알리시기 위해 율법도 주셨습니다. **그런데** 유대인들은 율법을 지나치게 강조하여 종교를 만들었습니다. **그리하여** 결국 하나님을 버리고 오히려 종교적인 타락을 초래했습니다.

인간은 자연을 통해, 하나님을 알기보다는 육체적으로 타락했습니다. 양심을 통해 하나님의 뜻대로 살지 못한 자신을 발견하고 하나님을 더 간절히 찾기보다는 오히려 양심을 앞세워 도덕적으로 타락했습니다.

율법을 통해서는 하나님을 버리고 의식(儀式)에 매여 종교적으로 타락했습니다. 이렇게 인간이 하나님을 버리고 타락했기 때문에 하나님도 인간을 "내어 버리셨습니다."

로마서 1장에는 하나님께서 저희를 내어 버려두셨다는 말이 세 번이나 나옵니다.

인간이 처해 있는 모습은 매우 비참합니다.
모두가 죄인이고 부패되어 있습니다.

"만물보다 거짓되고 심히 부패한 것은 마음이라

누가 능히 이를 알리요마는" – 예레미야 17장 9절

"무엇이든지 밖에서 사람에게로 들어가는 것은 능히 사람을

더럽게 하지 못하되 사람 안에서 나오는 것이 사람을

더럽게 하는 것이니라" – 마가복음 7장 15-16절

"모든 사람이 죄를 범하였으매 하나님의 영광에 이르지 못하더니"

– 로마서 3장 23절

얼마나 겉을 아름답게 꾸며 놓았는가에 상관없이 인간은 죽은 상태로 있습니다.

이렇게 죄인 된 상태로 살고 있는 인간은 그렇다면 지금 어디를 향해 가고 있는 것입니까?

나는 어디로 가고 있는가?

"회개하라 천국이 가까이 왔느니라 하였으니" – 마태복음 3장 2절

그리스도인이란 성령을 통해 거듭난 자를 말합니다.

하나님과 그리스도인의 관계는 아바 아버지와 자녀의 관계입니다. 그러나 불신자는 하나님과 단절되어 있는 상태이기 때문에, 불신자가 볼 때 하나님은 심판주입니다. 그래서 불신자에게는 언제나 마음속에 "내가 죽으면…", "하나님이 지금 오신다면…"이라는 두려움이 있습니다.

또 하나님이 보실 때 불신자는 하나님과 단절되어 있는 죄인입니다.

에베소서 4장 17-19절에는 죄인의 모습이 잘 묘사되어 있습니다.

영적으로 죽어 있을 때 어떤 일이 일어나는지 보십시오.

"그러므로 내가 이것을 말하며 주(主) 안에서 증거하노니
이제부터는 이방인이 그 마음의 허망한 것으로 행함같이
너희는 행하지 말라 저희 총명이 어두워지고 저희 가운데 있는 무지함과
저희 마음이 굳어짐으로 말미암아 하나님의 생명에서 떠나 있도다
저희가 감각 없는 자 되어 자신을 방탕에 방임하여
모든 더러운 것을 욕심으로 행하되"

영적으로 하나님과 분리되어 구원받지 못한 상태에 있을 때, 우리의 지적인 면, 감정적인 면, 의지적인 면들은 모두 다 제 기능을 발휘하지 못합니다. 어느 한 부분도 온전치 못합니다. 하나님을 떠날 때 인간은 전적(全的) 타락을 하게 됩니다. 이런 것을 알고 사람을 보면 사람에 대한 관점과 자세가 달라질 것입니다.

전적인 타락에 대해서는 로마서 3장에도 나옵니다.
"의인은 없나니 하나도 없으며 깨닫는 자도 없고
하나님을 찾는 자도 없고 다 치우쳐 한 가지로 무익하게 되고
선(善) 을 행하는 자는 없나니 하나도 없도다 저희 목구멍은 열린 무덤이요
그 혀로는 속임을 베풀며 그 입술에는 독사의 독이 있고

그 입에는 저주와 악독이 가득하고 그 발은 피 흘리는 데 빠른지라

파멸과 고생이 그 길에 있어 평강의 길을 알지 못하였고

저희 눈앞에 하나님을 두려워함이 없느니라" – 10-18절

이것이 하나님과 단절된 상태에서 영적으로 죽어 있는 사람의 적나라한 모습입니다. 전적으로 타락하여 그 속에 선한 것이 하나도 없습니다.

로마서 6장 23절에서 "죄의 삯은 사망"이라고 했습니다.
하나님을 불신하고 하나님을 떠난 죄로 말미암아 인간에게는 **첫번째 사망, 곧 영적인 사망이 찾아왔습니다.**

영적인 사망에 대해서는 에베소서 2장 1절에 나와 있습니다.
"너희의 허물과 죄로 죽었던 너희를 살리셨도다"
영적 사망이란 인간이 하나님의 영(靈)과 단절되는 것입니다.

다음에 두 번째로 나타난 것이 육적인 사망입니다.
사람은 누구나 다 죽습니다. 히브리서 9장 27절을 보십시오.
"한 번 죽는 것은 사람에게 정하신 것이요 그 후에는 심판이 있으리니"

육적인 사망이란 영혼과 육체가 분리되는 것입니다. 그래서 육체의 호흡이 끊어지는 순간 영혼의 문제가 해결되어 있지 않으면 영원한 문제를 그대로 안고 죽습니다.

세 번째가 영원한 사망입니다.

"그러나 두려워하는 자들과… 모든 거짓말하는 자들은 불과 유황으로 타는 못에 참예하리니 이것이 둘째 사망이라" – 요한계시록 21장 8절

모든 사람은 마지막에 예수 그리스도 앞에 다 섭니다. 그때, 구원을 받지 못하면 하나님과 영원히 결별되어 지옥에 던져집니다. 지옥은 인간을 위해서 만든 곳이 아닙니다. 사단을 위해서 만든 곳입니다. 그러나 사단을 추종하는 자들은 그와 함께 그곳에 갈 수밖에 없습니다.

오늘 우리에게는 두 갈래 길만이 주어졌습니다.

천국에서 영원히 하나님과 살든지, 아니면 지옥에서 영원히 고통 속에서 살든지 둘 중에 하나입니다. 만약 아직도 복음의 확신을 가지고 있지 않아 영혼이 거듭나지 못했다면, 죄인 된 모습 속에서 육체적, 영적 죽음을 맛볼 뿐만 아니라 영원한 사망 가운데로 가고 있는 것입니다. 호흡이 멈추는 순간 하나님과 영원한 이별을 하게 됩니다. 모든 인간은 그 영혼이 거듭나 사망에서 생명으로 옮겨져야 합니다.

누구나 다 그런 필요를 안고 있습니다.

하나님의 구원

하나님은 사랑이십니다.

그렇기 때문에 아무도 멸망하기를 원치 않으십니다.

하나님은 모든 사람이 구원받기를 원하십니다.

그러나 하나님은 거룩하시기 때문에 죄는 미워하십니다.

하나님은 사랑이시고 동시에 거룩하시기 때문에 죄인은 사랑하시지만 그 안에 있는 죄는 미워하십니다. 그렇기 때문에 인간은 죄 문제가 해결되지 않고서는 거룩하신 하나님 앞에 나갈 수가 없습니다.

이것을 어떻게 해결할 수가 있겠습니까?

나무의 열매는 그 뿌리에서 좌우됩니다.

죄라는 뿌리에 연결된 나무에 열리는 열매는 시기, 질투, 살인 같은 것들이 아니겠습니까? 우리의 뿌리가 죄라면 하나님과의 관계도, 인간과의 관계도 모두 실패입니다. 뿌리가 잘못되었다면 그 뿌리를 뽑아야 합니다. 곪은 부분은 덮어 둔 채 금식 기도나 선행, 성경 읽기, 헌금 등을 한다고 해서 선한 열매가 맺어지겠습니까?

교육도 도덕도 철학도 아무 소용이 없습니다.

근본이 바뀌어야 합니다.

이 문제를 하나님께서 해결하시기 위해 우리에게 제시해 준 것이 바로 예수 그리스도이십니다. 하나님은 우리를 사랑하시기 때문에 우리를 구원하기 원하십니다.

"이제는 율법 외에 하나님의 한 의가 나타났으니
율법과 선지자들에게 증거를 받은 것이라" – 로마서 3장 21절

그리스도는 완전한 하나님이시면서 동시에 인간이셨습니다.

100% 하나님이셨고 100% 인간이셨습니다. 그런데 인간으로서 한 가지 다른 점이 있었습니다. 그분은 죄가 없으셨습니다. 거룩한 분이셨습니다. 그래서 우리의 죄 문제를 해결해 주실 수 있으셨습니다.

그리스도께서는 우리 죄를 위해 십자가상에서 죽으시고 다시 살아나셨습니다.

침례(세례) 요한은 예수님을 보았을 때 "보라 세상 죄를 지고 가는 하나님의 어린양이로다"(요한복음 1장 29절)라고 말했습니다. 하나님께 제물로 바쳐지던 어린 양은 흠이 없고 점도 없고 순전해야 했습니다. 병이 있어도 안 되었습니다. 하나님께 제물로 드려지는 것은 깨끗한 것이었습니다.

인간의 죄에 대한 삯, 곧 사망을 대신 담당하시기 위해 예수님은 흠 없고 점 없는 어린 양 같은 분이어야 했습니다.

그래서 동정녀의 몸을 빌어 성령으로 잉태하셨습니다.

구약 시대에 하나님께서는 선지자들을 통해 끊임없이 자신의 백성들을 부르셨습니다.

"그 길은 사망의 길이다. 내가 너희를 지었다.
내가 너희 하나님이다.
내가 하나님 됨을 역사를 통해 보여 주겠다.
기적들을 통해서 보여 주겠다.
너희들 앞에 생명과 사망의 길이 있는데 너희들이 나를 불신하고
사망의 길로 떠나갈 때는 이런 일이 일어난다.
그러나 너희들이 이 길을 택할 때에는 이런 복을 받게 될 것이다."

그런데 사람들은 계속 거부했습니다.
마침내 전능하신 창조주 하나님께서는 직접 인간에게 메시지를 전하기 위해 육체를 입고 당시의 문화권 속으로 찾아오셨습니다. 그리고 하늘의 길을 말씀해 주셨습니다.
"내가 곧 길이요 진리요 생명이다. 나로 말미암지 않고는 아버지께로 올 자가 없다. 그 길로 가서는 안 된다. 이 길로 와야 한다."

마지막으로 예수님은 우리의 모든 죄를 대신 지시고 십자가 위에서 돌아가셨습니다.

십자가에서 죽으시고 모든 죄를 다 사하셨다는 것을 증명하기 위해 예수님은 삼 일 만에 다시 살아나 제자들에게 자신을 보여 주셨습니다.

예수께서 십자가 위에서 마지막에 하신 말씀이 무엇입니까?

"다 이루었다" – 요한복음 19장 30절

이 말은 『테텔레스타이』라 하여 지금도 그리스에서 사용되고 있는 상업 용어입니다.
예수께서는 죄의 삯을 다 지불하셨습니다.
성경은 그 지불 영수증입니다.

이사야서 53장 6절 말씀을 보십시오.
"우리는 다 양 같아서 그릇 행하여 각기 제 길로 갔거늘
여호와(하나님)께서는 우리 무리의 죄악을 그에게 「담당시키셨도다」"
'담당시키셨도다'는 과거형입니다.

이사야서 44장 22절도 보십시오.
"내가 네 허물을 빽빽한 구름의 사라짐같이,
네 죄를 안개의 사라짐같이 「도말하였으니」 너는 내게로 돌아오라
내가 너를 「구속(救贖) 하였음이니라.」"

'이미 다 이루어 놓았다'라고 하나님께서는 말씀하십니다.

"다 이루어 놓았으니까 너희는 내게 돌아오라!"

이것이 성경의 메시지입니다. 다른 종교는 무엇인가를 행해야 구원이 이루어진다고 말합니다. 그러나 기독교는 은혜를 강조합니다.

천국과 영생, 죄 용서함, 이 모든 것은 값없이 주어집니다.

"너희가 그 은혜를 인하여 믿음으로 말미암아 구원을 얻었나니
이것이 너희에게서 난 것이 아니요 하나님의 선물이라" – 에베소서 2장 8절

"죄의 삯은 사망이요 하나님의 은사는
그리스도 예수 우리 주(主) 안에 있는 영생이니라" – 로마서 6장 23절

영생은 하나님이 값없이 주시는 선물입니다.

인간의 노력이나 공로로 얻을 수 있는 것이 아닙니다.

어느 사람이 길을 가다가 날이 어두워져서 어느 집 문을 두드리며 "하룻밤 묵게 해주세요. 그 대가로 댁의 일을 해드리겠소"라고 했습니다. 그때 주인이 여러 궂은일을 맡겼습니다. 그래서 이 사람은 땀 흘리면서 열심히 일한 후에 밥상을 받았습니다.

그랬을 때 그 밥상은 사랑입니까? 아닙니까?

그것은 계약 조건에 따른 대가입니다.

이 사람이 그 다음날 길을 가다가 또 다른 집 주인에게 오후 늦은 시간에 같은 부탁을 했습니다. 그랬더니 주인은 "걱정하지 마시고 들어오십시오. 얼마나 피곤하십니까? 저기 따뜻한 물이 있으니 씻으시고 밥상을 차려 놓겠으니 식사하십시오"라며 극진하게 대접했습니다.

처음 만난 사람에게 이런 사랑을 베푸는 것, 이것은 전적인 사랑입니다.

내가 한 것이 아무것도 없을 때 하나님께서는 나에게 영생이라는 선물을 주셨습니다.

만약 하나님께서 "네가 십계명을 지키고 이렇게 이렇게 하면 내가 너에게 영생을 주겠다"라고 하셨다면 그것은 하나님이 사랑으로 내게 주신 것이 아니라 대가로 마땅히 받을 것을 준 것입니다. 그러나 받을 자격이 없는 자에게 주어진 호의, 그것이 은혜입니다.

하나님께서 우리에게 주시는 영생은 하나님께서 우리에게 거저 주시는 선물입니다.

하나님께서 은혜를 베푸실 때 인간이 해야 할 일은 무엇입니까?

영생을 받기 위해서 우리는 하나님을 향해 먼저 회개해

야 합니다.

회개할 때도 지, 정, 의의 3단계를 거치게 됩니다.

첫째, 먼저 내가 죄인이라는 사실을 깨달아야 합니다.
그러나 거기서 그쳐서는 안 됩니다.

많은 사람들이 지식적으로 알고 있는 것을 구원이라고 생각하는데, 지식적으로 자신이 죄인이라는 것을 깨달았다면 그동안 잘못했음을 뉘우치는 마음이 있어야 합니다. 사람에 따라서 정도의 차이는 있지만 이 뉘우침이 있어야 합니다.

어떤 사람은 실컷 울었기 때문에 은혜받았다고 생각합니다. 그러나 "내가 정말 잘못했구나, 하나님 앞에 죄인이구나" 하는 것을 냉랭한 가운데서도 느낄 수 있습니다. 그리고 그 잘못된 길에서 돌아서야겠다는 의지적인 결단이 있어야 합니다.

회개라는 것은 인격적인 결단입니다.
이것들이 함께 이루어지는 것이 회개입니다.

이 진정한 회개를 통해 구원에 이르게 됩니다. 그러나 회개만 반복하면 계속 그 자리만 맴돌고 있는 것입니다. 저는 구원받기 전까지 매주일 교회에 갈 때마다 일주일 치 죄를 다 회개하고, 새벽 기도에 가서는 그 전날 잘못을 다 회개했는데 그다음 것에는 이르지 못했습니다.

둘째, 그리스도를 향한 믿음입니다.

회개를 할 뿐만 아니라 믿음이 있어야 구원에 이르게 됩니다. 믿음에는 일시적인 믿음과 영원한 믿음이 있습니다. 일시적인 믿음은 구원의 믿음이 아닙니다.

내 아이가 병이 들어 고통받는 것을 보면 "하나님, 이 아이를 낫게 해주십시오. 차라리 나를 아프게 하시고 내 아이를 낫게 해주십시오"라고 기도하게 됩니다. 하나님께서 그 기도를 들으시고 아이를 낫게 해주실 수 있습니다. 그런데 소기의 목적을 달성하면 대부분의 사람은 기도했던 것을 다 잊어버리고 다시 자기 뜻대로 살아갑니다.

위급한 일이 있을 때마다 그것만을 위해 "하나님, 도와주십시오"라고 하다가도 그 상황이 지나가면 더 이상 하나님을 의지하지 않고 자기 멋대로 살아가는 것이 일시적 믿음입니다.

하나님께서는 사람들이 자기 앞으로 돌아오도록 하기 위해 인생에 어려운 계기를 마련하십니다. 그러나 어떠한 어려움이든 그것이 해결되었다고 해서 죄 문제가 해결된 것은 아닙니다.

성경에는 병 나은 것이 죄 문제의 해결이라고 이야기하는 곳이 한 군데도 없습니다.

일시적인 믿음을 갖는 것은 비 오는 날 비닐우산을 샀다가 그치면 금방 버리는 것과도 같습니다. 내게 어려움이 찾아왔을 때 그것만을 위해 믿는 믿음은 나를 죄 가운데서 구원해 주는 영원한 믿음이 아닙니다.

그렇다면 영원한 믿음이란 무엇입니까?
요한복음 1장 12절에 이런 말씀이 있습니다.
"영접하는 자 곧 그 이름을 믿는 자들…"

예수님의 이름을 믿는다는 것은 예수님을 믿는 것입니다.
내가 한 사람의 이름을 믿는다면, 나는 그 사람의 인격을 의지하는 것입니다. 예수님이 참으로 나의 죄를 위해 죽으시고 다시 살아나신 구세주요 주님이라는 사실을 알고 믿는다면 나는 그분을 내 인생의 주인으로 그리고 나를 죄 가운데에서 구원해 주신 유일한 구세주로 내 마음 속에 모시지 않을 수 없습니다. 예수님을 믿는다는 것은 내 마음에 그분을 영접하는 것입니다.
그럴 때 우리는 구원을 얻습니다.
"네가 만일 네 입으로 예수를 주로 시인하며
또 하나님께서 그를 죽은 자 가운데서 살리신 것을 네 마음에 믿으면
구원을 얻으리니 사람이 마음으로 믿어 의(義)에 이르고
입으로 시인하여 구원에 이르느니라" – 로마서 10장 9–10절

내 마음에서 일어나는 일은 입으로 시인하게끔 되어 있습니다.

예수님이 공개적으로 십자가 위에서 나를 위해 고난당하면서 죽으신 것처럼 우리도 공개적으로 예수님을 받아들이는 것이 굉장히 중요합니다. 그래서 빌리 그래함 목사는 집회에서 공개적으로 사람들 앞에 나와서 예수님을 영접하도록 합니다. 내 마음 속에 그분을 받아들이고 싶어 내 입으로 그분을 시인할 때 구원이 확정됩니다.

요한계시록 3장 20절에 이런 말씀이 있습니다.
"볼지어다 내가 문 밖에 서서 두드리노니
누구든지 내 음성을 듣고 문을 열면
내가 그에게로 들어가 그로 더불어 먹고 그는 나로 더불어 먹으리라"

주께서는 내 안에 거하고자 하십니다.

그분이 영생이라는 선물을 주시고자 마음의 문을 두드리실 때 회개하고 마음의 문을 여는 것은 각자가 해야 할 일입니다. 남이 열어 줄 수가 없습니다. 예수께서는 강제로 문을 여는 분이 아니십니다. 예수께서 영(靈)으로서 오늘 내 마음에 들어오기를 원하고 내 마음을 두드리시고 있습니다.

예수께서는 우리를 죄와 사망에서 구하신 유일한 구세주일 뿐만 아니라 삶의 모든 부분에서 주님이 되십니다. 우리는 예수님을 자신의 구세주요, 주님으로 모셔들여야 합니다. 내 삶을 온전히 그분께 의탁해야 합니다. 예수님과 인격적인 교제를 하려면 그분이 들어오시도록 마음의 문을 여는 결단을 해야 합니다.

주께서 사랑으로 우리의 결단을 촉구하시는 것, 이것이 바로 창세기에서 요한계시록까지의 핵심 내용입니다.

이것을 분명히 알고 성경을 보면 성경이 다 이해가 됩니다.

예수님을 소유한 자에게는 영생이 있습니다.
"아들이 있는 자에게는 생명이 있고
하나님의 아들이 없는 자에게는 생명이 없느니라" – 요한1서 5장 12절

지금 마음속에 예수님이 계시지 않는다면 복음은 나와 상관이 없습니다.

그렇기 때문에 복음에 대한 확신을 가질 수 없고 구원에 확신이 없는 것입니다.
"너희가 믿음에 있는가 너희 자신을 시험하고 너희 자신을 확증하라
예수 그리스도께서 너희 안에 계신 줄을 너희가 스스로 알지 못하느냐
그렇지 않으면 너희가 버리운 자니라" – 고린도후서 13장 5절

영생은 누구에게나 선물로 주어져 있습니다.

문제는 회개하고 그것을 믿음으로 받아들이는 것입니다. 그에 따라 나의 영원한 길이 결정됩니다.

　주님을 영접하고자 한다면 이렇게 기도하십시오.

"하나님, 저는 죄인입니다.
지금까지 저는 제 방법으로 제 노력으로
하나님께 나가려고 했습니다.
하나님께서 마련해 놓으신 길을 믿지 않고
제 길을 만들고 있었던 이 불신을 회개합니다.

하나님, 이제 저의 길에서 하나님의 길로 돌아섭니다.
예수님, 저의 죄를 위해 대신 십자가에서
피 흘려 주신 것을 감사합니다.
저에게 영원한 새 생명과 의롭다 함을 주시기 위해
다시 살아나신 것을 감사합니다.
그리고 오늘 제 마음 문을 두드려 주신 것을 감사합니다.

예수님, 이제 제 모든 짐을 주님 앞에 내려놓고
제 마음 문을 엽니다.
제 인생의 문을 엽니다.
제 마음의 왕좌에 예수님을 저의 구세주로
그리고 주님으로 영접합니다.
제 인생을 맡아 주시옵소서.
하나님이 원하는 삶을 살아가겠습니다.

성경의 약속대로 제게 영원한 생명을 주신 것을 감사합니다.

하나님의 자녀로 삼아 주신 것을,

하나님의 말씀을 믿음으로 믿습니다.

예수님의 이름으로 기도드렸습니다. 아멘."

주님을 영접함으로써 영혼은 구원을 얻지만 육체에는 죄성(罪性)이 그대로 남아 있습니다. 그래서 때론 구원을 잃어버린 것같이 느껴질지도 모릅니다.

그럴 때 이 말씀으로 구원을 확신하십시오.

"내가 저희에게 영생을 주노니 영원히 멸망치 아니할 터이요

또 저희를 내 손에서 빼앗을 자가 없느니라" – 요한복음 10장 28절

망망한 바다 한가운데서 배 한 척이 침몰하게 되었습니다.
모두들 구명보트에 옮겨 탔지만 한 사람이 보이지 않았습니다.
절박한 표정으로 안절부절 못하던 성난 무리 앞에 급히 달려 나온 그 선원이
꼭 쥐고 있던 손바닥을 펴 보이며 말했습니다.
"모두들 나침반을 잊고 나왔기에… "
분명, 나침반이 없었다면 그들은 끝없이 바다 위를 표류할 수 밖에 없을 것입니다.

우리는 삶의 바다를 항해하는 모든 이들을 위하여
그 나침반의 역할을 하고 싶습니다.
우리를 구원하신 위대한 주 예수 그리스도를 널리 전하고 싶습니다.

"하나님은 모든 사람이 구원을 받으며
진리를 아는 데에 이르기를 원하시느니라"
(디모데전서 2장 4절)

성경적인 복음

지은이 | 김두화 목사
편집인 | 편집팀
발행인 | 김용호
발행처 | 나침반출판사

제1판 발행 | 2022년 2월 1일

등   록 | 1980년 3월 18일 / 제 2-32호
본   사 | 07547 서울특별시 강서구 양천로 583
          블루나인 비즈니스센터 B동 1607호
전   화 | 본사 (02) 2279-6321 / 영업부 (031) 932-3205
팩   스 | 본사 (02) 2275-6003 / 영업부 (031) 932-3207
홈   피 | www.nabook.net
이   멜 | nabook365@hanmail.net

일러스트 제공 | 게티이미지뱅크

ISBN 978-89-318-1634-1
책번호 마-1754

값은 뒤표지에 있습니다.